Ecrire Un Ebook Irrésistible En Un Week-End:
La Nouvelle Méthode Pour Ecrire Un Livre Que Les Lecteurs Adorent, Prêt A Vendre Lundi Matin

TABLE DES MATIÈRES

INTRODUCTION

Félicitations, vous faites maintenant partie d'une minorité de personnes qui va vraiment savoir comment il est possible d'écrire un ebook irrésistible que les lecteurs vont adorer en seulement un week-end, et qui soit prêt à vendre dès le lundi matin.

Vous tenez entre les mains une méthode réaliste qu'il vous suffit simplement d'appliquer pas-à-pas pour réaliser votre ebook de A à Z, de manière accélérée.

La Qualité Est La Priorité #1

Mais ne vous méprenez pas. Si la rapidité d'exécution est importante, la qualité de votre ebook l'est encore plus.

Et c'est ce qui fait toute la différence entre cette méthode, et les autres qui vous promettent d'écrire un livre en une heure ou moins.

Ce genre de prouesse est effectivement possible, si vous faites du patchwork et vous contentez de copier-coller des articles que vous trouvez par-ci par-là, pour au final donner quelque chose qui ressemble à tout, sauf à un livre que les gens vont adorer.

Le but de cette méthode n'est surtout pas de vous montrer comment réaliser ce genre d'ebook fade, de basse qualité et sans intérêt ni respect pour les lecteurs.

Elle va vous permettre de réaliser du contenu original. Le genre de contenu qui rend un ebook irrésistible et qui devient best-seller dans votre marché.

Le tout non pas en une heure ou moins comme vous le promettent les vendeurs de rêve, mais en un week-end. Pour qu'il soit prêt à vendre dès lundi matin.

Voici Le Programme

Ce livre se compose en cinq modules qu'il vous suffit simplement de suivre pas-à-pas. Il va vous apporter toutes les bonnes choses suivantes:

Module #1
Dès la fin du premier module, vous aurez déjà trouvé un sujet ou un concept qui va fonctionner pour votre ebook.

Vous aurez aussi eu la réponse à plusieurs questions capitales que vous vous posez peut-être, comme la bonne longueur que doit faire un ebook, ou pourquoi vous n'avez pas besoin d'être un expert sur le sujet que vous allez traiter, ni un as de l'écriture.

Module #2
A la fin du deuxième module, vous aurez créé toute la structure de votre ebook et vous aurez déjà entre les mains votre plan détaillé réparti dans votre document de travail.

Tous vos titres et sous-titres auront été reformulés de manière à les rendre irrésistibles.

Module #3
Dès la fin du module #3, la totalité de votre ebook sera rédigée, en mode brouillon.

Vous maîtriserez en particulier la technique d'écriture d'Hemingway, qui vous permettra d'écrire deux à trois fois plus vite que maintenant en vous fatiguant moins et avec un style qui va faire vibrer vos lecteurs.

Module #4

A la fin du module #4, votre livre sera complètement édité et votre contenu figé. Il ne restera plus qu'à créer une couverture et le convertir dans le bon format.

Module #5

A la fin du cinquième module, votre ebook sera finalisé et prêt à vendre.

Vous y verrez notamment comment vous pouvez réaliser la couverture de votre ebook de manière professionnelle en à peine dix minutes, sans aucune compétence technique et sans dépenser le moindre euro.

Vous découvrirez aussi comment vous pouvez le convertir facilement dans le bon format numérique, de manière à ce qu'il soit prêt à vendre.

Bonus

A la fin de ce livre, je vous offre une section bonus, qui va vous donner les outils et les moyens les plus rentables et efficaces pour vendre votre ebook sur Internet simplement et immédiatement.

Une Procédure Réutilisable

Si vous appliquez bien chaque étape de cette méthode, vous aurez à la fin créé un ebook irrésistible de manière accélérée, et prêt à vendre.

A la différence des autres livres numériques, votre contenu sera original et de qualité, et vos lecteurs vont l'adorer.

Le gros avantage, c'est que vous allez pouvoir réutiliser la même procédure que vous allez apprendre ici, pour écrire autant d'ebooks que vous souhaitez, à chaque fois que vous avez un week-end de disponible.

Vous pourrez ainsi bâtir progressivement une arrivée de revenus passifs qui s'accumulera à chaque nouveau livre, à votre rythme.

On se retrouve maintenant dans le premier module.

MODULE #1: TROUVEZ UN SUJET QUI VA FONCTIONNER

Choisir Le Bon Type De Livre

Dans le monde des ebooks, il existe deux grandes familles: les livres de fiction et les livres de non fiction.

Les livres de fiction, ce sont en général les romans, les nouvelles. Les livres de fiction sont ce qu'il y a de plus aléatoire en termes de succès, car il est très difficile de savoir à l'avance si le livre fonctionnera ou pas.

Puis il y a les livres de non fiction, qui délivrent de l'information dans une infinité de thèmes. On a les livres de voyage, de cuisine, de bien-être, les manuels scolaires, les livres de psychologie ou de médecine, d'art et culture, de sciences et techniques etc.

Parmi les livres de non fiction, il existe une catégorie qui sont les ebooks solution.

Ces ebooks sont faits pour donner la solution à un problème qu'ont les gens, sur un thème particulier parmi l'infinité de thèmes qu'il existe.

Ce sont des livres pratiques, qui expliquent comment faire telle ou telle chose, comment résoudre tel ou tel problème.

C'est vers ce type d'ebooks qu'on va s'orienter, car il est beaucoup plus facile de savoir s'il va fonctionner ou pas (à condition bien sûr d'avoir la bonne méthode).

Votre Ebook Doit Apporter Une Solution A Un Problème

Comme nous venons de voir, les ebooks les plus faciles à vendre sont donc les ebooks solution, c'est-à-dire ceux qui apportent une solution concrète à un problème défini.

Ce que vous devez savoir, c'est que vous n'allez pas présenter votre ebook comme un ebook, mais comme une solution à un problème.

Vous allez insister sur le contenu de votre livre, pas sur le contenant.

Vous allez ainsi pouvoir vendre davantage et à un prix plus élevé: vos clients n'achèteront pas un ebook pdf, ils achèteront la solution à leur problème.

Ils seront donc davantage enclins à dépenser plus.

Un client qui se rend dans un magasin de bricolage ne cherche pas une perceuse, il cherche un moyen de faire un trou.

Les vôtres ne recherchent pas un livre, mais une solution à l'un de leurs problèmes.

La valeur réelle du contenant (ebook) n'a rien a voir avec la valeur perçue par le client, qui est focalisée à 100% sur le contenu.

Plus Le Problème Que Vous Allez Résoudre Est Important, Plus Votre Ebook Sera Rentable

On peut classer les problèmes en deux catégories principales:

Les Problèmes Majeurs.

Voici quelques exemples d'ebooks qui apportent une solution à un problème majeur:

Une méthode pour perdre du poids, pour sauver son mariage, pour sortir du surendettement...

Ces livres changent la vie de vos clients. Ils leur retirent une grosse épine du pied, ils leur enlèvent un gros problème qui leur empoisonne la vie, et c'est pourquoi ils sont de loin les plus rentables.

Cependant, vous devrez faire face à une rude concurrence sur ce type de marchés.

Les Problèmes Secondaires.

Ce sont les problèmes moins importants à résoudre et qui sont liés à un désir secondaire.

Par exemple: apprendre à nager, jouer du piano, utiliser un logiciel de design etc.

Ces livres sont moins rentables que ceux qui répondent à un problème majeur, mais vous pourrez distancer beaucoup plus facilement vos concurrents si votre marketing est bien conçu.

La création d'un tel ebook sera aussi beaucoup plus simple pour vous. Il vous suffit de prendre un thème que vous aimez ou que vous maîtrisez (jouer du piano, utiliser un logiciel de retouche photo, entretenir un potager etc.), et vous n'aurez pas forcément besoin de vous documenter beaucoup pour créer un produit de qualité.

Une façon simple de trouver des idées, c'est de lister vos propres problèmes et vos désirs, notamment ceux auxquels vous avez trouvé une solution ou que vous avez comblés.

Attention Aux Effets De Mode.

Par ailleurs, je vous conseille vivement de trouver un problème qui n'est pas lié à un effet de mode passager mais qui restera toujours vrai sur le long terme.

Ça vous assurera que votre ebook se vendra toujours aussi bien dans cinq ou dix ans car le besoin sera toujours existant.

En effet, vous avez plus de chances de vendre longtemps une méthode pour apprendre à faire de la plongée plutôt qu'une méthode pour comprendre les dernières fonctionnalités de l'iphone 6.

La première méthode ne se démodera jamais et vous continuerez à la vendre même dans trente ans, alors que la deuxième sera obsolète au bout de six mois quand un nouveau téléphone sortira, et vous ne vendrez alors presque plus rien.

Analysez Les Statistiques De Votre Marché De Niche

Avant de vous décider pour un sujet d'ebook ou un autre, il est capital de réunir des données chiffrées pour évaluer vos chances de réussite.

Notez au minimum une vingtaine d'idées de sujets, et analysez leurs statistiques. Vous pourrez ensuite sélectionner la meilleure.

L'objectif, c'est de repérer les marchés sur lesquels les internautes effectuent des recherches en quantité suffisante pour vous garantir une base de clients certaine, tout en évitant les domaines sur lesquels la compétition est trop rude.

Utilisez Google Keyword Planner.

Google Keyword Planner (https://adwords.google.fr/KeywordPlanner) est l'outil de référence et incontournable pour analyser l'intérêt d'un marché de niche.

Il vous permet de connaître le nombre de fois qu'un mot ou une expression est recherchée dans le moteur de recherche Google chaque mois.

Cet outil vous donne également une indication de la compétition existante sur un mot-clé donné (une colonne "compétition" dédiée donne une idée de la concurrence par l'un de ces trois indicateurs: faible, moyenne, élevée).

L'idéal, c'est bien entendu de trouver des mots-clés que les internautes cherchent beaucoup, mais sur lesquels il n'y a pas ou peu de compétition.

Comme vous pouvez vous en douter, ces perles sont difficiles à trouver.

Vous pouvez vous contenter de choisir des mots où les recherches sont importantes et où la concurrence est moyenne.

Comparez les mots-clés liés aux idées de sujets que vous avez listées pour votre ebook, pour pouvoir vous orienter vers ceux qui semblent les plus intéressants au vu des données trouvées sur Google Keyword Planner.

Utilisez Google Trends En Complément.

Une bonne façon complémentaire de tester vos idées, c'est d'utiliser le service Google Trends (http://www.google.fr/trends/), qui vous donne des statistiques historiques du nombre de recherches effectuées sur un mot-clé défini.

C'est très utile pour savoir si un thème est lié à un effet de mode, s'il est en progression, ou à l'inverse, s'il prend la route de la désuétude.

Un Mot Sur La Bonne Longueur Pour Votre Ebook

Maintenant que vous avez sélectionné le sujet de votre ebook et avant de passer au module suivant, il est possible que vous vous demandiez quelle est la bonne longueur pour votre ebook.

La réponse est que la longueur de votre ebook n'a pas vraiment de sens car c'est une question qui lie encore la valeur de votre livre à son contenant, à la quantité.

Vous devez savoir que la valeur de votre ebook n'a rien à voir avec l'expertise que vous avez, le temps que vous passez à l'écrire, ou la longueur de celui-ci.

La valeur de votre ebook a uniquement à voir avec la valeur perçue par le client qui le jugera sur sa capacité à solutionner son problème efficacement, et non sur sa longueur.

D'ailleurs, beaucoup de gens vont préférer un livre court d'une quarantaine ou cinquantaine de pages qui apporte une solution claire et pratique, plutôt qu'un livre de deux cent pages rempli de théorie inutile qui les laisse avec leur problème.

Gardez toujours à l'esprit que la plupart des gens qui cherchent à résoudre un problème sont pressés et veulent le résoudre le plus rapidement possible.

Si votre livre est trop long, il est probable qu'ils passent à autre chose ou pire, qu'ils vous perçoivent comme incapable d'expliquer les choses de manière claire et synthétique.

MODULE #2: CRÉEZ LA STRUCTURE DE VOTRE EBOOK

Maintenant que vous avez choisi le sujet de votre ebook à l'aide du module précédent, vous allez à la fin de ce module, avoir créé la structure complète de votre ebook avec son plan détaillé, constitué de titres et sous-titres irrésistibles.

Avant de commencer à rédiger, vous devez en effet d'abord avoir créé votre document de travail, et avoir un plan précis de ce que vous allez écrire. Sinon, vous risquez vite de vous embrouiller et d'arriver à un résultat médiocre et en beaucoup plus de temps.

De plus, il faut que vos titres et sous-titres soient percutants pour qu'ils captent l'intérêt des lecteurs. Par exemple, si le titre de votre livre n'est pas attirant, tout ce qu'il y a dedans ne servira à rien car personne ne prendra le temps de le lire.

En revanche, si le titre de votre ebook est irrésistible, et que chaque thème et sous-thème de votre ebook est formulé de manière à rajouter encore plus d'excitation et d'intérêt, il est fort probable que les gens ne font pas résister longtemps avant de l'acheter.

Il vous suffit de suivre les étapes suivantes dans l'ordre pour créer la structure de votre ebook.

Listez Cinq Obstacles Majeurs Qui Embêtent Le Plus Vos Clients Pour Résoudre Leur Problème

Vous allez lister ici cinq obstacles majeurs qui cassent le plus les pieds à vos clients pour résoudre leur problème et obtenir ce qu'ils désirent concernant le sujet de votre ebook que vous avez choisi au module #1.

Les obstacles sont souvent les mêmes: le temps, l'argent, l'éducation ou l'effort physique ou psychologique.

Prenons des exemples.

Exemple 1:
Admettons que le sujet que vous avez choisi au module #1 soit d'apprendre à maîtriser Photoshop.

Un des obstacles qui empêche vos clients de maîtriser Photoshop est que dès qu'on ouvre Photoshop, il y a tellement d'outils qu'il est très difficile de savoir lequel utiliser.

Un autre obstacle est que vos clients n'ont peut-être pas le temps d'apprendre la totalité des milliers d'outils disponibles dans Photoshop avant de réussir à dessiner une forme basique ou de faire un effet de flou sur une photo.

Exemple 2:
Admettons que le sujet que vous avez choisi au module #1 porte sur la manière de séduire une femme pour ne plus être célibataire.

Un des obstacles principaux que rencontrent vos clients pour y parvenir est certainement la timidité, le manque de confiance en soi.

Un autre obstacle est peut être aussi qu'ils n'ont pas le temps de passer des heures à chatter et à faire plein de rencontres infructueuses.

Un autre obstacle peut aussi être qu'ils n'ont pas les moyens financiers pour payer une agence matrimoniale ou un abonnement à un site de rencontre.

Listez donc avant de passer à la suite, cinq obstacles majeurs qui empêchent le plus vos clients de résoudre le problème auquel votre ebook va apporter la solution.

Listez Les Solutions Possibles Que Vous Allez Donner A Vos Clients

Maintenant que vous avez identifié cinq obstacles majeurs qu'ont vos clients, vous allez dresser une liste des solutions possibles que vous allez leur donner, et qui répondent aux cinq obstacles majeurs que vous avez listés.

En d'autres termes, vous aller lister les solutions possibles qui vont leur demander soit un minimum de temps, un minimum d'argent, un minimum d'éducation, un minimum d'efforts, pour s'affranchir des cinq obstacles que vous avez listés.

Vous allez lister ces solutions possibles en utilisant ces trois étapes successivement:

1- Listez Les Choses Que Vous Connaissez Déjà

Prenez une feuille et faites une liste d'idées d'un maximum d'outils, de technologies, de techniques, d'exercices que vous pouvez donner aux gens, qui vont leur permettre de résoudre leur problème sans passer par les cinq galères et obstacles listés précédemment.

Listez tous ces petits trucs, ces astuces croustillantes que vous connaissez déjà, que vous avez lus, entendus ou vus à la télé, et qui brillent et intriguent un peu.

L'idée, c'est de faire une liste avec un maximum de ces trucs.

2- Faites Un Brainstorming Pour Trouver Des Raccourcis Créatifs

Maintenant que vous avez listé tous les trucs que vous aviez "en stock" dans votre mémoire, il est possible que vous ayez besoin d'encore d'autres trucs à donner aux gens pour leur apporter la solution dont ils ont besoin.

Vous allez donc faire un brainstorming pour trouver des raccourcis créatifs, de nouveaux trucs que vous n'avez pas listés et qui apporteront une solution complète à leur problème.

Une fois que vous êtes à sec, vous pouvez vous aider de ressources externes.

3- Utilisez Des Ressources Externes

Un excellent moyen est d'aller par exemple sur différents forums liés au sujet de votre ebook et voir les échanges entre les internautes, les questions posées et les réponses apportées.

Un des forums généralistes de référence est Yahoo Answers (https://fr.answers.yahoo.com/). Son point fort est que son grand volume de visites journalières peut donner une idée significative des questions les plus fréquemment posées.

Un autre bon moyen est de chercher les blogs populaires en lien avec votre thématique et de voir les trucs et astuces qui circulent dans les articles.

Si vous comptez écrire d'autres livres par la suite, une bonne idée est de vous inscrire à leurs différentes newsletters. Vous y verrez ainsi certainement des trucs pas forcément visibles du grand public, et qui pourront vous servir pour votre prochain ebook.

Un autre moyen un peu «sous le manteau», c'est d'aller sur Amazon et de regarder la table des matières des livres concurrents qui sont dans les meilleures ventes. Ça peut vous donner des idées sur les trucs qui vous manquaient.

Il faut savoir qu'Amazon reste de loin le site le plus visité (un peu plus de 17 millions de visiteurs uniques par mois selon Médiamétrie). Autant dire que si un livre est dans les meilleures ventes, c'est qu'il y figure des choses très intéressantes, dont vous pourrez certainement vous inspirer.

La version US d'Amazon (www.amazon.com) possède une fonctionnalité que la version Française (www.amazon.fr) n'a pas encore actuellement, qui est d'afficher les dix premiers pourcents du livre lorsque l'on clique sur la couverture.

Si vous parlez un peu Anglais, allez sur Amazon et cliquez sur les couvertures de livres les mieux vendus dans votre thématique. Vous y verrez leurs tables des matières qui seront pour vous une mine d'or d'information pour réaliser votre liste de solutions possibles.

Il existe beaucoup d'autres ressources externes, comme par exemple les magazines dans les librairies ou les magazines électroniques.

Construisez Le Plan De Votre Ebook

Une fois que vous avez créé une longue liste de solutions possibles à l'étape précédente regroupant tous les trucs, techniques et astuces que vous allez donner à vos clients pour résoudre leur problème, il est temps d'organiser cette liste sous forme de plan.

Je vous conseille d'organiser votre plan en sept parties maximum. Au delà, ça devient plus difficile pour les gens de suivre les étapes et ils perdent généralement la vision globale du déroulé de la solution.

Une bonne moyenne consiste à faire une introduction, suivie de quatre ou cinq parties.

Si possible, évitez d'appeler les parties de votre ebook "chapitres", ce qui a tendance à faire bas de gamme dans un ebook solution.

Préférez les termes modules, étapes ou journées si vous proposez un programme en jours.

Créez un plan que vous organiserez sous forme chronologique, en prenant les gens par la main de A à Z, de la situation dans laquelle ils sont actuellement jusqu'à la résolution complète de leur problème.

Créez chaque module autour d'une sous-thématique ou sous-partie qui peut aussi être une journée ou une grosse étape:

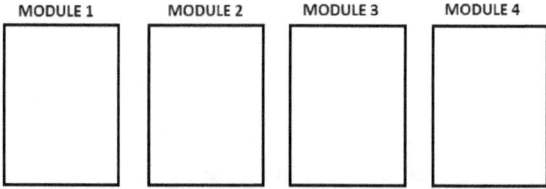

Pour chaque module, vous allez lister toutes les techniques et trucs que vous allez leur fournir, en puisant dans la liste de solutions possibles que vous venez de créer.

Note: il est possible que vous n'ayez pas besoin de toutes les techniques que vous avez listées. Dans ce cas, les techniques restantes seront votre fond de commerce qui pourront être utilisées pour écrire d'autres ebooks.

Et deuxième chose, vous allez indiquer le résultat physique, concret et si possible chiffré qui doit être obtenu à la fin de chaque module:

MODULE 1

- Technique X
- Truc Y
- Astuce Z
- etc...

- Résultat concret à la fin du module

Ainsi, lorsque vous présenterez votre plan dans votre argumentaire de vente, vous pourrez dire:

"A la fin du premier module, vous aurez déjà tel résultat. Il restera à voir telle et telle chose. Et dans le deuxième module je vais vous apprendre telle et telle technique, et à la fin du deuxième module, vous aurez déjà telle chose dans votre vie, tel résultat etc."

Il suffira juste de présenter votre plan aux gens pour qu'ils aient vraiment envie d'acheter.

Reformulez Les Titres Et Techniques Listées De Vos Modules

Maintenant que votre plan est fait, il est temps de reformuler le nom des titres et des techniques des différents modules de votre plan, ainsi que le titre général de votre livre.

La raison est purement à vocation marketing, car le titre principal de votre livre ainsi que les titres et noms des techniques de vos modules doivent être suffisamment attirants et percutants pour capturer l'attention et l'intérêt de vos clients.

Rappelez-vous qu'un titre principal qui ne capte pas l'attention du client est un livre qui ne sera pas acheté, et donc pas lu.

L'enjeu du titre principal est donc énorme, et vous pouvez rater de nombreuses ventes si vous n'y accordez pas l'attention qu'il mérite.

Faites cet exercice pour votre titre principal:

Mettez-vous à la place d'un client potentiel et demandez-vous si vous vous arrêteriez sur votre ebook rien qu'en lisant son titre.

Si la réponse est non, ça veut dire qu'il vous faut trouver un titre plus percutant, qui captera vraiment votre attention.

Deux techniques prouvées pour obtenir un titre principal irrésistible:

L'un des meilleurs copywriter Américain Gary Bencivenga donne cette formule redoutable pour obtenir un titre qui capte l'attention et qui génère l'intérêt du lecteur:

Bénéfice + Curiosité = Intérêt

Si votre titre promet au moins un bénéfice et crée de la curiosité, alors il générera l'intérêt du lecteur et vous aurez gagné.

Comme l'indique la formule, plus le bénéfice est important et plus l'élément de curiosité est grand, et plus l'intérêt du lecteur va augmenter.

Il existe un nombre incalculable de façons pour obtenir un titre gagnant.

En général, les titres qui promettent des résultats précis et chiffrés sont très appréciés.

Par exemple: «Comment passer de vingt à zéro cigarettes en sept jours», ou «la méthode secrète pour retenir un poème compliqué en 2 minutes».

Un autre moyen de trouver un titre irrésistible est d'utiliser cette formule:

Résultat sans X, en Y

"**Résultat**" est ce que les gens veulent le plus dans votre thématique. Par exemple, "maîtriser Photoshop comme un pro".

"**X**" est l'obstacle, la galère principale à laquelle ils doivent faire face.

"**Y**" est une structure avec un cadre temporel ou chiffré.

Quelques exemples:

- Devenir un as du piano sans rien connaître du solfège, en trois semaines.

- Comment parler Anglais couramment en étant nul en langues, en sept jours.

- Créez votre vidéo professionnelle sans aucun équipement, avec un euro.

Faites de même avec les titres de vos modules

En plus du titre principal de votre ebook, reformulez également les titres de vos modules pour les rendre dignes d'intérêt. Faites confiance à votre imagination, et en cas de panne, vous pouvez aussi utiliser si besoin les principes ci-dessus.

Comment reformuler les techniques listées dans vos modules

Enfin, reformulez le nom des techniques listées dans chacun de vos modules.

L'idée est de leur donner un nom propre qui n'existe pas ailleurs, pour que chaque technique, chaque truc, chaque astuce que vous avez listée apparaisse comme étant quelque chose dont vous êtes propriétaire.

Il vous suffit juste d'inventer un nom, ça peut être quelque chose de très simple.

Quelques exemples:

- Si vous parlez d'une technique de promotion d'un produit avec un prix croissant dans le temps, vous pouvez la renommer "la technique de la promotion en escalier".

- Si vous parlez d'une astuce permettant de diviser instantanément par deux le nombre de cigarettes fumées sans être en manque, vous pouvez la renommer "l'astuce du paquet coupé".

- Si vous parlez d'une méthode pour embrasser une fille dès les trente premières minutes d'un rendez-vous sans se prendre un vent, vous pouvez la renommer "la méthode du baiser flash de Dom Juan".

Si vous faites ça, vous verrez qu'il sera extrêmement simple de vendre votre ebook lorsque vous en ferez la promotion après.

Imaginez que vous ayez une vingtaine de techniques renommées avec des noms propriétaires comme celles ci-dessus.

Il n'y a rien de plus attractif et de plus efficace pour exciter la curiosité de vos lecteurs lorsque vous listerez ces techniques dans votre lettre de vente. Vous direz par exemple:

- La technique de la promotion en escalier qui va vous permettre de tripler vos ventes sans payer plus de publicité.

- L'astuce du paquet coupé qui vous permettra de diminuer instantanément par deux votre consommation de cigarettes sans jamais être en manque.

- La méthode du baiser flash de Don Juan qui vous donnera le pouvoir d'embrasser avec succès une fille dès les trente premières minutes de votre rendez-vous.

Reprenez maintenant l'ensemble des techniques listées dans chaque module et reformulez-les avec un nom propre qui n'existe pas ailleurs, et qui vous fera être propriétaire de cette technique.

Créez La Structure De Votre Ebook

Une fois votre plan terminé, et une fois que vous avez reformulé le titre principal de votre ebook, les titres de vos modules ainsi que les techniques listées dans chaque module, vous allez maintenant créer la structure de votre ebook.

Créez un document sur votre traitement de texte, et écrivez les titres et les noms des techniques de vos différents modules (qui peuvent être considérés comme des sous-titres), chacun en haut d'une page blanche.

Par exemple, si votre premier module est composé de huit techniques, vous allez écrire le titre du module #1 en haut d'une page blanche, puis le titre de la technique #1 en haut d'une autre page blanche, et le titre de la technique #2 en haut d'une nouvelle page blanche etc.

Vous avez alors créé la structure de votre ebook, qui se compose désormais d'un plan détaillé et avec des titres et noms de techniques extrêmement attirants.

Si vous avez peur de ne plus vous rappeler le contenu qu'il faudra écrire dans chaque titre de module ou dans chaque nom de technique, vous pouvez également lister en plus toutes vos idées ou points à aborder sur chacune de ces pages blanches, sans faire de phrases.

Ces points vous serviront de guide lorsque vous commencerez la rédaction de votre ebook, pour savoir exactement quoi écrire dans chaque partie. Mais ces points sont optionnels si vous maîtrisez déjà bien votre sujet et savez exactement quoi écrire pour chaque module et chaque technique.

Il est maintenant temps de passer à la rédaction de votre ebook; c'est ce que nous allons voir dans le module suivant.

MODULE #3: PASSEZ À LA RÉDACTION DE VOTRE EBOOK

A la fin de ce module, vous aurez écrit l'ensemble de votre ebook, en mode brouillon.

Vous n'aurez plus à vous soucier de savoir comment écrire, ni comment tourner vos phrases. Votre style d'écriture sera captivant, et vous écrirez plus vite que 90% des gens tout en vous fatiguant moins.

Vous allez pour cela découvrir les règles de base pour écrire efficacement, et également la technique d'Ernest Hemingway qui va vous permettre de diviser par deux ou trois votre temps d'écriture, d'augmenter la qualité de votre rédaction et de diminuer les efforts fournis par votre cerveau.

Règles De Base Pour Ecrire Efficacement

Reprenez votre livre du début et rédigez pour chaque module une première version en développant les points clés et idées qui y sont listés.

Ecrivez rapidement, exactement comme si vous parliez à quelqu'un qui est en face de vous.

L'idéal, est de vous imaginer parler à un ami.

Ça va vous décomplexer, et vous verrez que votre style sera beaucoup plus naturel.

Et c'est en étant naturel que vous laisserez passer l'émotion, la passion, et que vous rendrez les choses captivantes. Pas en étant réservé ou en vous auto-censurant, comme on le fait souvent face à des inconnus.

Utilisez des phrases courtes et des mots simples et allez à l'essentiel.

Rappelez-vous que vous n'êtes pas là pour écrire un roman mais pour proposer une solution concrète au problème de vos clients.

Ne cherchez donc pas à faire de belles figures de style, ni à passer pour un grand intellectuel en utilisant des mots savants. Ce n'est pas ce que vos clients attendent de vous.

Ça risque même de rendre les choses plus difficiles et lourdes à lire, voire de vous faire passer pour quelqu'un qui ne sait pas transmettre simplement son savoir.

Rédigez Deux A Trois Fois Plus Vite Avec La Technique d'Hemingway

Une fois que vous commencez à écrire un module, ne vous arrêtez surtout pas pour vous relire ou analyser chaque phrase que vous écrivez.

Suivez à la lettre cette technique de l'écrivain Ernest Hemingway qui tient en une phrase:

«*Write Drunk, Edit Sober*» (écrivez saoul, éditez sobre).

Soyons clairs: ça ne signifie pas qu'il faut se mettre à boire du vin rouge ou du rhum avant d'écrire. Surtout pas.

Ça veut dire qu'une fois que vous commencez à écrire, il ne faut surtout pas vous arrêter en cours de route pour analyser et corriger chacune de vos phrases. Jamais.

De cette manière, vous laissez libre cours à votre inspiration et spontanéité en autorisant l'hémisphère droit (créatif) de votre cerveau à s'exprimer sans interruption.

Peut-être savez-vous déjà que le cerveau possède deux hémisphères: L'hémisphère droit gère la créativité, le gauche l'analyse rationnelle.

Si vous vous arrêtez à la fin d'une phrase pour la relire et la corriger, c'est comme si vous stoppiez net l'inertie de votre hémisphère droit créatif pour activer votre hémisphère gauche analytique.

Puis dès que vous passez à la phrase qui suit immédiatement, vous devez à nouveau stopper votre hémisphère gauche analytique pour redémarrer votre hémisphère droit créatif.

C'est comme si vous deviez peindre en bleu deux petites chambres à coucher, et que vous vous arrêtiez à chaque coup de rouleau pour aller dans l'autre chambre.

Vous perdez du temps et c'est très fatiguant.

Vous iriez bien plus vite à d'abord peindre entièrement la première chambre en bleu, puis ensuite vous attaquer à la deuxième, plutôt que de changer de chambre à chaque coup de rouleau.

Votre cerveau fonctionne de la même manière. En vous arrêtant à chaque phrase pour la relire et la corriger, vous perdez un temps fou et vous vous épuisez inutilement.

Ecrivez donc sans vous arrêter, et ne vous inquiétez pas pour les erreurs ou les phrases mal tournées que vous laissez derrière vous, vous aurez tout le temps de les corriger et les éditer plus tard (on voit ça dans le module suivant).

Pour l'instant, le seul but est de transformer vos listes de points et d'idées en paragraphes de texte en mode brouillon, sans vous occuper de l'édition.

Insérez Des Commentaires Si Besoin

Ça ne devrait normalement pas arriver, mais si en cours d'écriture vous remarquez que vous avez encore besoin de rajouter des informations que vous n'avez pas sous la main, insérez simplement un commentaire en couleur ou en italique pour pouvoir y revenir facilement par la suite, puis continuez à rédiger sans vous arrêter.

Une fois que tout votre livre est écrit et que vous avez rajouté toutes les informations aux endroits où vous avez laissé des commentaires, vous avez la totalité de votre ebook en mode brouillon.

Le module suivant va vous montrer comment bien éditer votre ebook.

MODULE #4: ÉDITEZ VOTRE EBOOK

A la fin de ce module, votre ebook actuellement en mode brouillon sera complètement édité.

Vous allez maintenant pouvoir utiliser l'hémisphère gauche analytique de votre cerveau qui va être parfait pour cette étape d'édition.

Vous allez découvrir les règles de base pour éditer efficacement. Bien souvent, on a en tête qu'édition signifie juste corriger les fautes d'orthographe, mais c'est bien plus que ça.

L'édition prend aussi en compte la longueur des lignes ou la taille maximale que doit comporter un paragraphe pour faciliter la lecture. Vous verrez toutes les règles à savoir sur ce sujet.

Vous allez aussi voir comment faire comprendre très facilement vos idées et les graver durablement dans la mémoire des gens. C'est d'ailleurs souvent grâce à ça que les gens vont retenir vos idées.

Vous verrez également comment bien sélectionner votre public lors de l'étape de relecture, qui est optionnelle mais qui vous donne la possibilité de rajouter des choses importantes que vous auriez oubliées, ou de reformuler certaines parties, avant de rendre votre ebook disponible au grand public. En effet, ce qui nous semble complet et clair ne l'est pas forcément pour les autres.

En appliquant ces principes, votre ebook aura alors une forme exceptionnelle et la qualité transparaîtra dans chaque page.

Règles De Base Pour Editer Efficacement

Reprenez votre livre et relisez-le module par module.

Pour chaque module, corrigez toutes vos fautes d'orthographe, de grammaire et de conjugaison.

Reformulez les phrases mal tournées.

Remplacez les mots qui sont utilisés trop souvent par des synonymes, pour éviter la redondance et de rendre vos phrases lourdes.

Assurez-vous que les paragraphes s'enchaînent de manière logique et spontanée. Quand on lit, on ne doit jamais se demander ce qu'un paragraphe vient faire à tel endroit. Il faut que tout s'enchaîne naturellement, pour qu'on ne perde jamais le fil de vos idées.

Essayez autant que possible de mettre une idée par phrase. Si une phrase a deux idées, coupez-là en deux phrases plus courtes.

N'oubliez pas non plus d'aérer votre texte en sautant des lignes entre les paragraphes pour rendre la lecture plus confortable.

Des chercheurs tels que François Richaudeau, Miles A. Tinker ou Donald G. Patterson se sont aussi intéressés à la bonne longueur que devaient avoir les lignes et les paragraphes pour en maximiser la compréhension et la vitesse de lecture.

Les études montrent qu'il faut éviter les paragraphes trop longs. Si on prend l'exemple d'une lettre de vente, les paragraphes de plus de six lignes - ou de plus de 80 mots - sont considérés trop longs.

Pour la longueur des lignes de texte, une bonne moyenne se situe entre 50 et 80 caractères, en incluant les espaces.

Utilisez Des Exemples

Profitez de cette étape d'édition pour enrichir votre ebook d'exemples concrets pour illustrer vos idées.

Utilisez des exemples issus de votre expérience, de l'expérience de personnes connues, citez un passage d'un livre ou d'un film qui vous a marqué.

En clair, racontez des histoires et donnez des cas concrets, car c'est souvent les anecdotes qui restent gravées dans la mémoire du lecteur et lui permettent de comprendre une idée facilement.

Une fois que vous avez parcouru tout votre ebook et appliqué toutes les règles d'édition que vous venez de voir, relisez-le autant de nouvelles fois que nécessaire en raffinant votre ebook un peu plus à chaque lecture, jusqu'à ce que vous soyez convaincu que vous avez optimisé votre texte au maximum.

Faites Relire Votre Ebook En Choisissant Bien Vos Relecteurs

Cette étape est optionnelle, car pour que votre livre soit prêt à vendre en un week-end, il est peu probable que tous vos relecteurs soient disponibles pour vous faire un retour immédiat.

Cela dit, si vous pouvez attendre un peu plus qu'un week-end, faire relire votre ebook vous sera certainement d'une grande utilité.

En effet quand on a la tête dans le guidon, on ne voit plus forcément certaines erreurs et imperfections qui sauteront aux yeux de ceux qui découvrent votre livre pour la première fois.

Mieux vaut donc le faire relire maintenant, plutôt que ce soit vos clients qui commencent à vous faire des retours négatifs sur les imperfections qu'ils voient.

Vous pouvez aussi le publier tout de suite, puis le mettre à jour dans une deuxième édition, une fois que tous les relecteurs vous auront fait leur retour et que vous aurez apporté les modifications nécessaires à votre ebook.

Pour la relecture, choisissez des gens qui appartiennent au public cible de votre ebook, en leur précisant que leur avis est important pour vous car ils représentent le profil type de vos futurs lecteurs.

Si votre livre s'adresse plutôt à des experts en informatique, vous n'allez pas faire relire votre livre par quelqu'un qui sait à peine se servir d'un ordinateur.

De même, si votre livre s'adresse aux hommes, vous n'allez pas le faire relire par des femmes.

Ou encore s'il cible une audience jeune, vous n'allez pas démarcher une maison de retraite pour trouver des relecteurs parmi les grand-pères et grand-mères.

A l'inverse, si votre livre s'adresse à des novices dans un domaine, cherchez des gens qui ont peu ou pas de connaissances dans le domaine concerné.

Par exemple, si votre livre porte sur une méthode pour apprendre la guitare rapidement, faites le relire par ceux qui ne savent pas en jouer.

Demandez à chacun de vos lecteurs ce qu'ils n'ont pas compris, ce qui pourrait être amélioré, si d'autres sujets manquants devraient être traités ou si certains points mériteraient d'être expliqués autrement, puis apportez les corrections si nécessaire.

A ce stade, votre ebook est maintenant normalement totalement édité.

Il est important de bien appliquer ces règles d'édition. Sinon, vous risquez de ne pas maximiser la qualité et la valeur perçue de votre livre, même si votre contenu est excellent.

Dans le dernier module, vous allez voir comment finaliser votre ebook de manière à ce qu'il soit prêt à vendre.

Vous allez voir comment créer en quelques minutes une couverture qui va faire pâlir d'envie vos clients, sans avoir aucune compétence technique en design, ainsi que les différents formats dans lesquels vous pouvez convertir votre ebook.

MODULE #5: FINALISEZ VOTRE EBOOK

Félicitations, vous avez déjà fait un long chemin et vous avez très bien avancé.

Il ne vous reste qu'à finaliser votre ebook et à la fin de ce module, votre ebook sera prêt à vendre.

Vous aurez créé en seulement quelques minutes une couverture pour votre ebook qui fera sensation, même si vous n'avez aucune compétence technique.

Pour la plupart des gens, créer une couverture est une galère incroyable, surtout quand on ne sait pas s'y prendre. Beaucoup y passent des jours entiers, ou alors font sous-traiter ça à prix d'or, ou mettent des mois à se former avec des logiciels complexes comme Photoshop.

Grâce à ce que je vais vous montrer, vous éviterez toutes ces galères et dans dix minutes vous aurez votre belle couverture de livre de qualité professionnelle, et sans avoir dépensé le moindre euro.

Vous aurez également converti votre ebook dans le format numérique adéquat avec des outils simples, et il sera prêt à vendre.

Créez Une Couverture Professionnelle Sans Compétence Technique En Dix Minutes

Créer une couverture d'ebook est souvent une galère innommable pour la plupart des gens qui ne savent pas comment faire.

Beaucoup ne savent pas utiliser de logiciels de dessin comme Photoshop ou sa version gratuite Gimp, ou n'ont pas les moyens de payer un designer professionnel pour avoir une couverture à 200 ou 300 euros.

Alors pour beaucoup, il reste la solution de faire sa couverture soi-même, ce qui résulte souvent en une catastrophe visuelle qui peut ruiner les ventes de votre ebook, même si votre contenu est excellent.

Mais il existe un autre moyen très simple, qui ne vous demandera ni compétences techniques, ni de dépenser un seul euro. Et vous aurez une couverture de qualité professionnelle dans à peine dix minutes.

Ce moyen consiste à utiliser le service de création de couvertures en ligne Canva (https://www.canva.com/create/book-covers/).

Il suffit juste d'insérer un fond, votre texte à l'aide de quelques templates de texte que l'application propose en version gratuite, et éventuellement vos propres images que vous pouvez uploader depuis votre ordinateur.

Une fois que vous aurez terminé, vous n'aurez plus qu'à télécharger votre couverture qui sortira soit au format pdf haute qualité, ou au format png avec une résolution de

1410 x 2250 pixels, ce qui est très correct et correspond au ratio idéal de 1,6 d'une couverture.

Voici trois exemples de couvertures (qui apparaissent ici en noir et blanc) que j'ai fait en environ cinq minutes chacune, pour vous montrer qu'on peut vraiment avoir un résultat très correct en un rien de temps:

Exemple de couverture N°1:

Exemple de couverture N°2:

Exemple de couverture N°3:

Si vous avez un minimum d'expérience, vous pouvez bien entendu réaliser votre couverture en utilisant un logiciel comme Gimp (http://www.gimp.org/), qui est l'équivalent gratuit de Photoshop.

Vous pouvez ainsi arriver à un résultat très correct simplement en créant un fond dégradé, ajoutant une image et jouant sur les polices de caractères pour mettre le titre de votre ebook.

Contrairement à ce qu'on peut penser, il n'y a pas besoin d'avoir un design de folie pour avoir une couverture qui fait sensation. Certaines couvertures de best sellers n'ont même pas d'images, et jouent juste sur les variations de polices de caractères.

Si vous destinez à vendre votre ebook sur la plateforme Amazon Kindle, Amazon vous propose même un utilitaire pour créer votre couverture en live, durant le processus de mise en ligne de votre ebook.

Convertissez Votre Ebook Dans Le Bon Format

La dernière étape, c'est de convertir votre ebook dans le bon format.

Il existe trois formats principaux pour un livre numérique: le format pdf (extension .pdf) qui est le plus courant, le format ePub (extension .epub) et le format mobi (extension .prc ou .mobi).

Pour convertir votre ebook au format pdf, rien de plus simple. La plupart des éditeurs de texte le permettent, comme par exemple Microsoft Word.

Il suffit d'enregistrer votre document sous le format pdf.

Vous pouvez aussi utiliser des convertisseurs en ligne tels que Online2pdf (https://online2pdf.com/).

Pour convertir votre ebook au format epub, vous pouvez utiliser le convertisseur en ligne Online Convert (http://ebook.online-convert.com/fr/convertir-en-epub).

Pour convertir votre ebook au format mobi (l'extension sera .prc), vous pouvez utiliser le logiciel gratuit et très pratique Mobipocket Creator: (http://www.mobipocket.com/en/downloadsoft/productd etailscreator.asp)

Si vous envisagez de publier votre ebook sur Amazon Kindle, vous pourrez directement convertir votre ebook au bon format lors du processus de mise en ligne.

Vous aurez ensuite la possibilité de voir le résultat à l'aide d'une liseuse en ligne, et d'apporter des modifications sur votre fichier d'origine au cas où il y aurait un problème d'affichage.

Une fois que vous avez converti votre ebook au bon format et bien ça y est: votre ebook est complètement terminé, finalisé et prêt à vendre.

Il ne reste plus qu'à vous féliciter de votre excellent travail. Si c'est votre premier ebook, vous êtes officiellement devenu auteur. Bravo!

CONCLUSION

Aujourd'hui, vous avez mis en place une méthode qui vous a permis pas-à-pas d'écrire un ebook en un week-end, que les gens vont adorer et surtout qui est prêt à vendre.

A la différence des autres approches de création d'ebooks, vous aurez réussi grâce à celle-ci à rendre votre livre irrésistible en en maximisant la valeur perçue par les clients, et surtout en créant du contenu original sans vous contenter de faire des simples copier-coller d'articles ou du patchwork de basse qualité.

Le gros avantage, c'est que maintenant que vous connaissez cette méthode, vous pouvez l'appliquer dès que vous avez un week-end de libre pour créer d'autres ebooks que vos clients vont adorer et qu'ils seront contents d'avoir acheté.

Si vous faites ça régulièrement et que vous créez deux ebooks par mois en bloquant deux week-ends, vous aurez 24 ebooks à la fin de l'année.

Imaginez un peu le revenu passif que ça peut faire chaque mois, et ça vous donnera l'ampleur des perspectives d'indépendance financière grâce à ce que vous avez appris ici.

Même si ce n'est pas le sujet de ce livre, je vous offre une section bonus en vous donnant un certain nombre de moyens et d'outils qui vont vous permettre de vendre efficacement, simplement et immédiatement les ebooks que vous créez.

BONUS: OÙ ET COMMENT VENDRE VOS EBOOKS

Créez Votre Page De Vente

Le moyen pour rester indépendant de tout service externe, c'est de vous créer un site web avec une simple page de vente sur laquelle vous allez faire la promotion de votre ebook (et la promotion sera très simple si vous avez suivi cette méthode pour créer votre ebook).

Les types de pages de vente qui marchent le mieux sont les pages de vente avec une vidéo dessus.

Le problème, c'est que si presque tout le monde sait ouvrir un site web avec un nom de domaine et un espace d'hébergement avec des services comme GoDaddy (https://fr.godaddy.com/) ou Bluehost (http://www.bluehost.com), très peu de gens savent mettre en place une page de vente qui converti bien, et encore moins une page de vente vidéo.

Beaucoup vont essayer d'en faire une eux-mêmes et mettre des semaines à apprendre les bons langages de programmation.

D'autres vont payer cher des templates qui ne convertissent pas forcément bien, ou mettre en place des systèmes qui sont des véritables usines à gaz, juste pour installer leur page de vente.

Je vous offre ici gratuitement un template de page de vente vidéo que vous pouvez utilisez immédiatement pour faire la promotion de votre ebook (je vous montre également une vidéo qui vous permet de l'installer en quelques minutes), et qui a prouvé obtenir des taux de conversion excellents.

Cliquez sur le lien ci-dessous pour télécharger votre page de vente vidéo gratuitement :

http://www.webmarketingfrenchie.com/page-video/

Utilisez Les Plateformes De Vente En Ligne

L'autre moyen, c'est d'utiliser les plateformes de vente en ligne en vous auto-éditant.

La meilleure de ces plateformes qui est aussi celle qui détient 80% du marché, c'est Amazon.

Vous pouvez mettre en quelques minutes votre ebook sur Amazon Kindle. Il vous suffit de vous créer un compte ici: http://kdp.amazon.com/, et de télécharger votre livre en entrant les informations demandées comme le nom de l'auteur ou la description de votre ebook.

Vous pouvez aussi utiliser les plateformes suivantes:

- Lulu (http://www.lulu.com/publish/ebooks/?cid=us_pubpage_e books/)

- Kobo (https://fr.kobo.com/writinglife)

- Nookpress, par Barnes & Noble (https://www.nookpress.com/ebooks)

Inutile de trop vous disperser. Avec les outils et les adresses que vous avez dans cette section bonus, vous avez ce qu'il y a de mieux pour faire un carton pour vendre vos ebooks.

A PROPOS DE L'AUTEUR

Rémy Roulier est un ancien ingénieur informatique et responsable marketing dans une multi-nationale. Il est aujourd'hui digital nomad et voyage partout dans le monde, et a acquis depuis plus de dix ans une véritable expertise dans le marketing internet et le développement personnel.

Il partage aujourd'hui ses outils et son expérience pour permettre aux autres d'atteindre également leur indépendance financière et de façonner leur vie telle qu'ils la désirent vraiment.

CRÉATIONS DU MÊME AUTEUR

Retrouvez-moi sur mon tout nouveau blog
www.webmarketingfrenchie.com sur lequel je partage
mes stratégies pour vous aider à vivre de vos sites Internet,
et à vous créer la vie dont vous rêvez réellement.

Retrouvez aussi mes nombreuses créations directement
sur Amazon.

En voici aussi quelques-unes qui peuvent vous servir :

DEVENIR RICHE EN 42 JOURS:
LA METHODE PAS-A-PAS POUR.GAGNER DE L'ARGENT SUR INTERNET ET
VIVRE SES REVES EN PARTANT DE RIEN.
Une méthode prouvée qui vous guide pas-à-pas et vous permet
d'atteindre votre indépendance financière en 42 jours grâce à Internet,
même si vous démarrez actuellement de rien. Un must à ne pas
manquer.

COMMENT SE CONCENTRER COMME EINSTEIN:
LE SECRET DES ETUDIANTS PARESSEUX POUR DECUPLER LA
CONCENTRATION ET
LA MEMOIRE AVEC LA TECHNIQUE DU DOCTEUR VITTOZ.
Ce best seller dans le top 100 des meilleures ventes d'Amazon vous montrera la technique jadis utilisée par Einstein qui vous donnera le pouvoir de vous concentrer sur ce que vous voulez aussi longtemps que vous voulez.

LA LECTURE RAPIDE EN 60 MINUTES CHRONO:
DOUBLER (OU TRIPLER) VOTRE VITESSE DE LECTURE N'A JAMAIS ÉTÉ
AUSSI FACILE!
Utilisez les meilleures techniques des lecteurs les plus rapides pour augmenter votre vitesse de lecture de 100% dès aujourd'hui.

LE MIND MAPPING FACILE:
MEILLEURE MEMOIRE, PRISE DE NOTE RAPIDE, BRAINSTORMING,
GESTION DE PROJET SANS EFFORT AVEC LES MIND MAPS.
Le Mind Map (ou carte heuristique) va révolutionner votre vie et votre mémoire en termes gain de temps, d'organisation et d'efficacité par un système puissant et redoutable de prise de notes et d'organisation de l'information autour de diagrammes basés sur la manière naturelle dont fonctionne votre cerveau. Un outil à posséder absolument.

L'ANGLAIS FACILE AVEC LE MIND MAPPING:
COMMENT APPRENDRE L'ANGLAIS ET N'IMPORTE QUELLE LANGUE
RAPIDEMENT SANS JAMAIS L'OUBLIER.
Si vous avez toujours eu du mal avec les langues ou que vous souhaitiez apprendre l'Anglais facilement et rapidement, cette méthode innovante basée sur le Mind Mapping va très certainement vous y aider.
Cliquez sur la couverture y accéder sur Amazon.fr:

www.ingramcontent.com/pod-product-compliance
Lightning Source LLC
Chambersburg PA
CBHW070135210526
45170CB00013B/1080